대머리 공주

글 김정운
그림 구슬이

　수만 가지의 꽃이 피는 나라가 있었습니다. 거리에도 각 가정에도 꽃을 가꾸는 부지런한 사람들 때문에 어느 곳을 가든지 꽃향기가 넘쳐났습니다. 그래서인지 그 나라 사람들은 언제나 얼굴 가득 행복한 미소를 담고 살았습니다.

　그 나라 사람들이 언제나 행복한 미소를 담고 사는 데는 또 하나의 이유가 있었는데 바로 그 나라 공주 때문이었습니다. 그 나라 공주는 태어날 때부터 너무 예뻐서 하늘에서 내려온 아기천사 같다고 사람들은 말했습니다. 공주가 사람들에게 사랑받는 것은 칠흑 같은 머리칼 때문이었습니다. 공주의 머리칼은 검다 못해 새까맣고 새까맣지만 사람들의 눈을 맑게 하는 묘한 빛이 났습니다.

　그 나라 왕은 사람들이 공주의 머리칼을 무척 사랑한다는 사실을 알고 매년 공주의 생일이면 여러 나라의 헤어디자이너를 모아 최고의 실력을 갖춘 한 사람을 뽑고 그로 하여금 공주의 머리를 꾸미도록 하였습니다. 그래서 그 나라 사람들은 공주의 생일 때가 되면 새롭게 바뀐 공주의 머리 모양을 구경하기 위해 왕궁 앞으로 몰려들었고 공주의 머리 모양을 본 후에는 나라 전체의 여자들 머리 모양은 공주의 머리 모양과 같아져서 몇 달 동안은 누가 누군지 구분을 못 할 정도였습니다. 어떤 사람들은 자신들의 애완동물인 개와 고양이에게도 공주 머리 모양을 하게 하기도 했고 심지어 당나귀나 오리에게도 그렇게 하는 사람들도 있었습니다.

　어느덧 시간이 흘러 왕궁에서는 곧 열다섯 살이 되는 공주의 머리를 책임질 디자이너를 뽑는 대회가 열린다는 사실을 공표했고 예전처럼 수많은 사람이 왕궁으로 몰려들었습니다. 작년의 우승자나 그전에 우승해서 공주의 머리를 책임졌던 디자이너들도 참가했고 새로이 자신의 이름을 알리고 싶은 많은 디자이너가 모여들어 거리마다 사람들로 넘쳐났습니다. 그중에 피엘 이라는 소년도 있었습니다.

　소년 피엘은 이 대회에 참가하기 위해 먼 시골에서 왔습니다. 허름한 옷차림에 흰 염소와 작은 짐이 전부인 피엘은 여관이 딸린 음식점 앞에서 머뭇거리고 있었습니다. 그 모습을 본 중년의 주인 남자가 피엘에게 물었습니다.

　"음식을 주문할 텐가? 아님, 잠잘 곳을 찾나?"

　피엘은 얼른 대답을 못 하고 머뭇거리다 겨우 말했습니다.

　"음식값은 얼마고 잠자는 값은 얼마입니까?"

　"브런치와 저녁을 제공하고 깨끗하고 넓은 침대에서 잠자는 것까지 하루 1골드라네."

　"으흠…. 죄송합니다. 하루에 1골드씩이나 쓸 돈이 제겐 없습니다. 제가 가진 재산은 5골드와 이 흰 염소 한 마리가 전부라서 있는 돈을 다 써버리고 나면 전 집에 돌아갈 수 없습니다. 안녕히 계세요."

　피엘은 정중히 인사하고 흰 염소를 끌고 돌아서 성문을 향해 걸어갔습니다.

　"할 수 없군. 밤늦게 오면 음식값은 절반에 절반만 받고 해줄 테니 생각이 있으면 찾아오게나."

　주인 남자는 멀어져가는 피엘의 뒷모습이 왠지 안쓰러웠습니다.

　성 밖으로 나온 피엘은 흰 염소의 등을 쓰다듬으며 말했습니다.

　"넌 신선한 풀이면 되겠지? 그런데 난 따뜻한 수프를 먹고 싶어. 대회에서 우승해 상금을 받게 되면 그것으로 조금 전 그 음식점에서 수프를 사 먹어야겠어. 그 음식점 수프는 참 맛있어 보였거든. 오늘도 열매를 따 먹어야겠네."

　피엘과 흰 염소는 먼 산을 향해 열기가 오르는 벽돌길을 걸어 나갔습니다.

　이날도 공주는 지루한 수학 공부를 하고 있었습니다. 재깍재깍 시계의 초침 소리만 크게 들렸고 허연 수염이 배꼽까지 내려온 수학 교수는 확률에 대해 열심히 설명 중이었지만 공주의 시선은 창밖 비암산에 고정되어 있었습니다.
　'탁탁'
　"공주님 여길 보세요."
　수학 교수는 칠판을 두드리며 말했습니다.
　"아, 네!"
　공주는 급히 칠판으로 시선을 옮겼고 수학 교수는 주사위를 던져 3이 나올 확률에 관해 설명했습니다. 그때 두 시를 알리는 괘종시계의 종소리가 들렸습니다.
　"야훗! 교수님 감사합니다."

공주는 부리나케 자신의 방을 향해 긴 복도를 내달렸습니다. 공주의 구둣발 소리가 온 왕궁에 울려 퍼지는 듯했습니다.

"카린! 어서 가자!"

공주는 자신의 방으로 뛰어들며 시녀인 카린을 찾았습니다.

"네, 공주님. 준비는 다 해놨어요. 우편 배달 마부 찰스가 기다리고 있어요. 폐하께서 시찰 다녀오시기 전에는 꼭 돌아와야 하는 거 기억하셔야 해요."

카린은 시녀들이 다니는 통로로 공주를 안내하며 말했습니다.

"알고 있으니 서둘러. 난 어서 그 맛을 보고 싶다고."

"네, 공주님."

우편 배달 마부 찰스의 안내에 따라 우편 마차 짐칸에 몸을 숨긴 공주와 시녀는 아무에게도 들키지 않고 성 밖으로 나올 수 있었습니다. 우편 마차는 비암산을 향해 힘차게 달렸고 몇 개의 다리와 몇 개의 고개를 넘어서 이윽고 목적지에 도착했습니다.

"공주님, 해지기 전에 꼭 이곳에 와 계셔야 합니다. 조금이라도 늦으면 저는 큰일이 납니다."

"찰스, 알았다니까. 그럼 이따가 봐."

공주는 우편 마차를 뒤로한 채 카린의 뒤를 따라 서둘러 걸음을 옮기며 말했습니다. 우편 마차는 이내 왔던 길을 돌아가고 있었습니다.

"카린, 얼마나 더 가야 해?"

"여기서 멀지 않아요. 15분쯤 가면 돼요."

카린은 숲속으로 서둘러 들어갔습니다.

숲을 지나고 징검다리가 놓인 개울을 건너 한참을 달리고서야 수억만 송이 꽃들이 피어있는 들판에 도착했습니다.

"공주님, 여기가 황홀의 들판입니다. 정말 대단하지요?"

"정말로 아름답고 황홀해. 내가 좋아하는 꽃들도 많고. 어서 가."

"아이고, 공주님께서는 이 황홀한 광경 앞에서도 오로지 그것만 생각하시는군요. 이 들판만 지나면 돼요."

카린은 들판의 꽃들이 다치지 않게 조심조심 달렸고 공주도 뒤를 따랐습니다. 들판을 지나 계곡 아래로 내려갔습니다.

"다 왔어요. 공주님. 저기 보이시죠?"

카린이 손가락으로 가리킨 계곡 안에는 한 무더기의 키 작은 풀꽃들이 있었는데 자세히 보니 빨간 열매가 달린 것들도 있었습니다.

"저 열매가 그거야? 보기엔 별로 맛있어 보이지 않는데?"

"저 열매가 그거에요. 정말 맛있다고 해요."

"그래? 알았어. 어서 먹자."

공주는 서둘러 열매를 따 먹으려고 했습니다.

"잠깐만 기다리세요. 공주님! 함부로 따먹으면 안 돼요. 기다려 보세요."

카린이 공주의 손을 붙잡으며 말했습니다.

"왜?"

"함부로 따먹으면 큰일이 나요. 잠시 기다려 보세요."

'짝짝짝'

카린이 손뼉을 세 번 쳤습니다. 그러자 홀연히 누군가가 나타났습니다. 그는 몸집은 공처럼 둥그렇고 키는 작았고 걷는 모습은 뒤뚱뒤뚱 이상했습니다.

"부르셨습니까? 저는 둥글러스입니다."

"저 열매를 먹으려고 왔어요. 허락해 주세요."

카린이 말했습니다.

"아, 그렇군요. 허락하겠습니다. 하지만 한 가지만 약속해주셔야 합니다."

"뭔데?"

공주가 서둘러 물었습니다.

"저 열매의 이름은 비암딸기입니다. 이 세상 어느 것보다 맛있는 딸기입니다. 하지만 자신의 나이 수보다 많이 먹어서는 안 됩니다. 자신의 나이 수보다 많이 먹게 되면 상상할 수 없는 일이 생기게 됩니다."

둥글러스는 차분히 말했습니다.

"알았다고. 그럼 지금 내 나이는 열네 살이니까 열네 개 먹으면 되겠네. 그런데 열네 개나 먹을 만큼 맛있어 보이지 않아."

"하하하. 그럼 맛있게 드십시오."

둥글러스는 이상한 동작으로 인사를 한 후 이내 사라졌습니다.

"공주님, 제가 따다 드릴게요."

"아냐, 내가 직접 따서 먹을 거야."

공주는 허리를 구부려 새빨간 열매 하나를 따서 유심히 살핀 후 가만히 입 안에 넣고 천천히 맛을 보았습니다.

"와우! 이런 달콤한 맛이 세상에 있었단 말야? 놀라워."

공주의 별빛을 담은 눈망울은 더욱 빛났고 얼굴빛은 발그레 변하면서 환희에 찬 표정이 되었습니다. 카린도 열매를 따서 먹어보곤 이내 공주처럼 환희에 찬 표정이 되었습니다.

"공주님, 정말로 달콤해요. 상상했던 것보다 훨씬 맛있어요. 왕궁에 있는 딸기하고는 차원이 다른 것 같아요. 눈물이 나려고 해요."

"그렇지? 이렇게 맛있는 것을 알려줘서 고마워. 카린. 하하."

공주는 상쾌하게 웃으며 두 번째 열매를 따서 먹고 또 놀라워했습니다.

"이번엔 달콤함도 대단하지만 새콤함과 어우러져 더욱 환상적인 맛이야."

"…"

카린은 아무 말이 없었습니다. 카린은 저만치 떨어져서 열심히 열매를 따 먹고 있었습니다.

"열다섯, 열여섯, 열일곱…."

공주도 서둘러 열매를 따 먹었습니다.

"열, 열하나, 열두울, 열세엣."

14

공주는 벌써 열세 개째 열매를 입 안에 넣고 맛을 음미하고 있었습니다.

"공주님, 전 이제 세 개만 더 먹으면 돼요. 공주님은 몇 개 남으셨어요?"

"응, 난 마지막이야. 한 개 남았어. 그런데 한 개 남으니 슬퍼지려고 해."

"공주님, 내년에 또 먹으면 되지요."

"내년까지 어떻게 기다리란 말이야."

"할 수 없잖아요. 그렇다고 더 먹었다가는 상상할 수도 없는 큰일이 생길 테니 절대로 나이 수만큼만 드셔야 해요. 아셨죠?"

"알았다고. 이제 마지막이야. 음. 음. 음. 대단해. 이 맛을 맛보려면 일 년을 기다려야 한다니 너무 가혹한 일이야."

입안에 맴돌던 마지막 열매를 꿀떡 삼킨 공주와 카린은 그 자리에 풀썩 주저앉고 말았습니다. 너무 맛있어서 너무 행복해서 그리고 점점 시간이 지나자 아쉬워서 쉽게 자리에서 일어날 수가 없었습니다.

"공주님, 이제 돌아가야 해요. 내년에 다시 오기로 하고 이제 돌아가요."

카린이 일어나 옷에 묻은 흙을 털며 말했습니다.

"그래, 알았어. 내년에 오기로 하자. 그런데 말야. 내 나이는 왜 이제 열네 살밖에 되지 않았지? 지금 내 나이가 아흔 아홉 살이라면 아흔아홉 개를 먹었을 텐데 말야."

"하하하. 공주님도 참. 아흔아홉 살이면 파파 할머니가 되어서 여기 오지도 못할걸요."

카린은 입을 막고 깔깔거리고 웃었습니다. 그때 공주는 가슴에 달고 있던 브로치를 슬며시 풀 사이에 감추고 자리에서 일어났습니다.

"그만 웃고 가."

"네. 공주님."

공주와 카린은 계곡을 올라 황홀의 들판을 지나 징검다리 개울 앞에 도착했습니다.

"카린, 멈춰 봐. 내 브로치가 안 보여. 어떡하지? 할머니께서 주신 소중한 건데?"

공주는 놀란 표정이 되어 카린에게 말했습니다.

"어머나! 어디서 잃어버리셨을까? 큰일이네."

카린이 깜짝 놀라며 말했습니다.

"아마 열매를 따 먹을 때 떨어졌나 봐."

"그런 것 같아요. 제가 얼른 가서 찾아올게요."

카린은 금세 되돌아갈 듯하며 말했습니다.

"아니야. 카린. 내가 다녀올게. 어디서 떨어진 것인지 알 것 같아. 내가 다녀오는 게 빠를 것 같아.

"아니에요. 제가…."

카린이 대꾸하기도 전에 공주는 달려가 버렸습니다.

"공주님! 빨리 오셔야 해요. 찰스랑 약속한 시각이 다 되어 간다고요."

카린은 소리쳤고 공주는 알았다는 듯이 손을 흔들어 주곤 더 빨리 달려갔습니다. 카린은 공주가 사라진 방향을 바라보며 꼼짝 못 하고 서 있어야 했습니다.

"벌써 오셨어야 하는데. 어떡하지? 내가 갔어야 했는데. 제발 빨리 오세요. 공주님. 제발…."

생각한 것보다 시간이 지체되자 카린은 두 손을 가슴에 모으고 발을 동동거려야 했습니다. 그런 카린의 주변으로 점점 더 산 그림자가 다가오고 있었습니다. 그리고 얼마 후 빠르게 달려오는 공주의 모습이 보였습니다. 그제야 마음이 놓인 카린은 공주를 향해 두 팔을 번쩍 들어 흔들었습니다.

"공주님! 더 빨리요. 힘껏 뛰세요."

돌아온 공주의 앞가슴엔 할머니가 주셨다는 브로치가 달려있었고 두 사람은 약속 시간에 맞춰 도착해 찰스의 우편 마차를 타고 아무에게도 들키지 않고 왕궁으로 돌아올 수 있었습니다.

　수백 명의 디자이너가 참가한 대회이니만큼 열기도 열정도 실력도 대단했습니다. 그 속에서 소년 피엘도 모두가 놀랄 실력을 뽐내며 당당히 일곱 명이 겨루는 결선에 진출했습니다. 피엘은 첫 번째 컷 과제에서는 화려한 가위질로 3분도 채 되지 않는 시간에 컷을 완성해 참가자나 구경꾼들을 놀라게 했고 두 번째 꾸미기 과제에서는 달리는 야생마의 갈기를 형상화해서 감탄을 자아냈습니다.

결선 무대에는 왕과 왕비는 물론 대신들까지도 모두 나와 실력을 평가했습니다.

소년 피엘은 기필코 우승해서 상금 1만 골드를 받으리라 다짐하고 또 다짐했습니다. 그러나 결선에 오른 일곱 명 중에는 작년 우승자를 포함해 기존 우승자 두 명 등이 있어서 시골에서 올라온 피엘이 우승하기엔 쉽지 않을 것 같았습니다.

결선장의 분위기는 환호성과 박수 소리가 끊이지 않았습니다. 그런데 실력을 평가하러 나와 있는 왕과 왕비는 하나도 기쁘지 않은 표정이었습니다. 차라리 슬퍼 보인다는 것이 맞을 것 같았습니다.

결선장 중앙에는 일곱 개의 텐트가 있었고 그 안에는 아무 치장을 하지 않은 긴 생머리의 모델들이 한 명씩 있었습니다. 결선 자들은 한 시간 안에 자신이 표현하고자 하는 스타일을 완성해야 하는 과제를 부여받았습니다.

피엘은 급히 서두르지 않았습니다. 앉아 있는 모델을 바라보며 한참이나 서 있었습니다.

"죄송한데요. 왜 아무것도 하지 않는 거죠? 제가 모델로 마음에 들지 않아서인 가요?"

앉아 있던 모델이 피엘에게 물었습니다.

"아니에요. 그게 아니고 생각하느라."

"무슨 생각을요?"

"머리를 어떤 모양으로 할지 그걸 생각했어요."

"생각만 하다 시간 다 가겠어요. 벌써 20분이 지나 버렸는걸요. 서둘러요."

걱정스러운 표정으로 모델이 말했지만 피엘은 여전히 아무것도 하지 않고 서 있기만 했습니다. 결국 아무것도 하지 않은 채 한 시간은 지나 버렸습니다.

진행자의 말이 들렸습니다.

"차례로 한 사람씩 나와서 자기 작품을 소개해 주시기 바랍니다."

디자이너의 작품소개로 결선장의 분위기는 한층 더 올랐습니다. 특히 작년 대회 우승자의 작품소개 때는 감탄의 환호성은 극에 달했습니다. 작년 대회 우승자는 유럽의 어느 나라에서 유행하는 퐁탕쥬 스타일을 선보였는데 모델의 머리 위에 작은 정원을 꾸며 놓은 듯했습니다. 구경꾼은 물론 평가하러 나와 있던 대신들도 놀라워했습니다. 하지만 왕과 왕비만은 아무 표정 없이 손뼉만 칠 뿐이었습니다. 마지막으로 피엘의 순서가 되었습니다.

"마지막으로 멀리 시골서 올라 온 소년 피엘입니다. 나와서 작품을 소개해 주십시오."

피엘과 모델은 쉽게 모습을 나타내지 못했습니다. 진행자는 여러 번 나올 것을 안내했고 그럴 때마다 구경꾼의 웅성거림은 더욱 커졌습니다.

"괜찮아요. 날 믿고 나가요."

피엘이 모델에게 말했습니다.

"아무것도 하지 않은 이 모습으로 나가는 건 너무 창피해요. 도저히 못 나가겠어요."

모델은 거의 울 듯하며 말했습니다.

"괜찮다니까요. 내가 나가서 할 거니까 날 믿으세요."

"나가서 언제?"

피엘이 힘주어 말하고 손을 내밀자 모델은 작은 믿음이 생겼고 피엘의 손을 잡고 무대로 나갔습니다.

"드디어 나왔습니다. 뜨거운 박수를…?"

순간 결선장은 조용해져 버렸습니다. 모델의 머리 모양을 본 것이었습니다.

"도대체 어떻게 된 것일까요? 한 시간 동안 두 사람은 텐트 안에서 무엇을 하다가 나온 것일까요? 모델의 모습은 처음 그대로인데 말입니다."

진행자의 말에 구경꾼들은 일제히 야유의 함성을 쏟아냈습니다.

그때 피엘이 말하기 시작했습니다.
"저는 지금 여기서 직접 보여 드리고자 합니다."
피엘의 말을 들은 모두는 어리둥절했고 어떤 이는 말도 안 된다며 더 크게 야유를 보냈습니다.
"1분이면 됩니다."
모두의 웅성거림이 잦아들자 피엘은 모델에게 다가가 설명을 하면서 손을 움직이기 시작했습니다.
결선장은 얼마간 쥐 죽은 듯 고요했습니다. 그러다 얼마 후 결선장은 여러 가지 함성으로 들썩였습니다. 어떤 이는 박수를, 어떤 이는 야유를 내보냈기 때문입니다.
"시골에서 올라 온 주제에 감히 왕실 미용사가 되겠다고? 흥! 저런 실력으로 어떻게 결선까지 올라왔지? 당장 짐 싸서 돌아가라고!"
"간단하게 모양을 내서 예쁜 모습이 되었는데 그것이 더 훌륭하다고!"
결선장의 상황이 급박해지자 진행자가 나섰습니다.
"자, 이제 조용해 주십시오. 결과는 공정하게 평가를 해주실 분들에 의해 결정이 될 것이니 잠시 기다려 주십시오."

그때 왕이 자리에서 일어나 몇 발짝 피엘에게 다가서며 물었습니다.

"너도 다른 디자이너처럼 화려한 모습으로 머리 모양을 만들 줄 알겠지?"

"네, 그렇습니다. 폐하."

피엘이 한쪽 무릎을 꿇고 고개를 숙여 예를 표하며 대답했습니다.

"그렇다면 저런 간단한 머리 모양을 한 이유가 따로 있을 것이다. 말해 보아라."

왕은 피엘에게 두어 발짝 더 다가서며 말했습니다.

"네, 말씀드리겠습니다. 매년 공주님의 생일이 지나고 나면 온 나라의 여자들이 공주님의 머리 모양을 따라 하느라 난리가 납니다. 제가 사는 시골 마을도 마찬가지입니다. 그런데 문제는 곡식과 열매가 익을 시기인데 공주님의 머리 모양을 따라 하느라 제대로 일을 하지 않아 매년 수확량이 떨어지고 있습니다. 그래서 올해에는 누구나 쉽게 짧은 시간에 머리 모양을 내는 방법을 생각해낸 것입니다."

"음, 그런 일이 있단 말이지. 알았다. 편히 서거라."

왕은 자리로 돌아가 대신들과 상의를 시작했습니다.

구경꾼들에게서 약간의 소곤거림이 있었지만, 차분히 결과를 기다렸습니다.

"2위부터 6위까지가 먼저 발표되고 시상되겠습니다. 그리고 맨 마지막 두 사람이 남게 되면 1위를 발표하겠습니다. 호명되지 않은 사람은 결국 7위가 될 것입니다."

　피엘은 호명되지 못하고 맨 마지막까지 남게 되었습니다. 그러나 올해의 우승자는 머리에 작은 정원을 만든 작년 우승자가 차지했습니다. 피엘은 7위를 한 것이었습니다. 기대를 잔뜩 했던 피엘의 모델은 눈물을 쏟았습니다. 피엘은 혼자 조용히 말했습니다.

　"괜찮아. 그래도 수백 명 중에 7위잖아. 그리고 상금도 500골드를 받잖아."

　"어서 오게나."

　음식점 주인이 반갑게 피엘을 맞이했습니다.

　"하루 묵을 돈이 생겼습니다. 그리고⋯."

　"하하. 더 말하지 않아도 알고 있네. 당당히 7위를 했다면서?"

　"네. 그렇게 됐습니다."

　"괜찮네. 자네가 폐하의 질문에 당당하게 대답하던 모습이 너무 멋있었다고 하더군."

　주인은 피엘의 어깨를 두드려 주면서 위로했습니다. 피엘은 자신이 왕의 질문에 대답한 것까지 알고 있다는 것이 신기했습니다. '많은 사람이 드나드는 곳이라 소식도 빠르구나'라고 생각했습니다. 따뜻한 수프를 곁들인 저녁을 먹은 피엘은 주인의 안내에 따라 방으로 올라갔습니다. 3층이었는데 창문 너머로 왕궁이 다 보였습니다. 왕궁의 곳곳에는 아직도 환한 불빛이 밝혀져 있었습니다.

“고맙습니다. 그리고 이거 받으세요.”
피엘은 주인에게 작은 주머니를 내밀었습니다.
“음. 이것은 자네 뜻대로 받겠네. 하여튼 모두 잘될 테니 걱정 말고 편히 쉬게나.”
주인은 돈주머니를 받는 게 내키지 않은 표정이었지만 피엘의 단호한 눈빛을 보고 체념하고선 돈주머니를 받았습니다.

“누구십니까?”
자려고 할 때 노크 소리가 들려 피엘이 방문 쪽으로 다가서며 물었습니다.
“나 제니야. 낮에 네 모델 했던 제니!”
피엘은 그때 서야 목소리가 기억나서 문을 열고 제니를 맞이했습니다.
“밤이 늦었는데 여긴 어쩐 일로?”
피엘은 조금은 당황스러워서 물었습니다.

"피엘에게 고맙다는 인사를 하고 자려고. 낮에 폐하 앞에서 당당하게 말하던 모습에 감동했거든. 그 모습 보며 앞으로 나도 당당하게 살려고 결심했어. 맨날 모델 한다고 아빠 몰래 나가곤 했는데 오늘 밤에 아빠께 다 말씀드리고 정식으로 허락받았거든. 아빠에게 피엘 얘기했더니 아빠가 피엘 너를 알고 있더라고."

약간 흥분한 듯 말하는 제니는 기쁨이 얼굴 가득했습니다.

"제니의 아빠가 나를 알고 있다고? 어떻게?"

"당연히 잘 알지. 우리 아빠가 이곳 주인이야."

"아! 제프 아저씨가 아빠였구나. 어쩐지…."

피엘은 주인이 자신의 일을 상세히 알고 있는 게 조금은 이상했지만, 제니의 말을 듣고선 모든 게 이해되고 정리됐습니다.

"피엘 고마워. 좋은 꿈 꾸고. 나도 자러 갈 거야. 아 참, 피엘은 몇 살이지? 난 스무 살이야."

"네, 전 이제 열여섯 살입니다."

"그래, 그럼 앞으로 제니 누나라고 불러주렴. 알았지?"

"네."

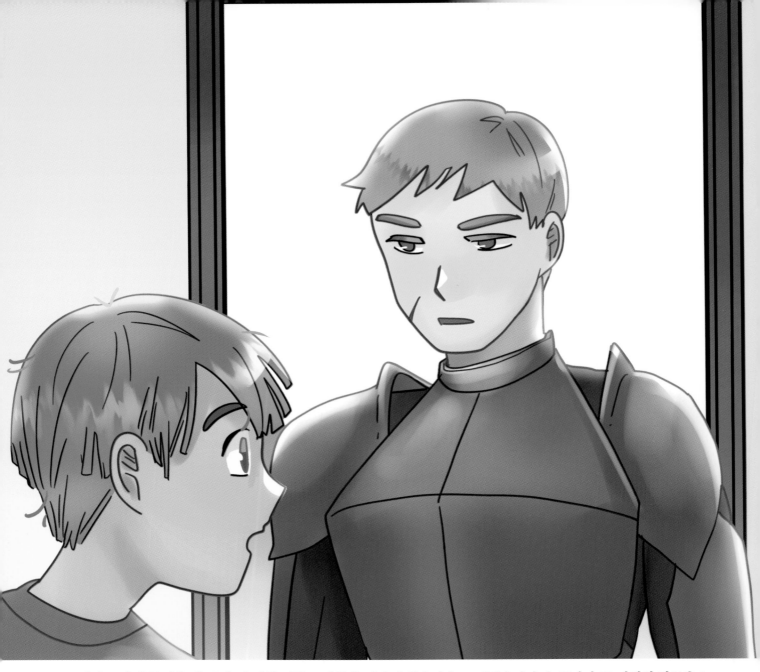

　제니는 방에 들어올 때 보다 더 기쁜 얼굴로 방문을 나가려 했습니다. 그때였습니다. 누군가가 또 피엘의 방문을 노크했습니다.
　"누구십니까?"
　피엘이 서둘러 물었습니다.
　"피엘 군! 문을 열어 주십시오. 잠시 드릴 말씀이 있습니다."
　건장한 사내의 목소리였지만 진지한 목소리였습니다. 곁에 제니와 잠깐 눈을 마주친 피엘이 조심스럽게 문을 열었습니다.
　"감사합니다. 들어가겠습니다."
　남자는 뚜벅뚜벅 큰 걸음으로 방으로 들어섰습니다.
　"저는 폐하의 경호담당관 쟝이라고 합니다. 폐하께서 피엘 군을 모셔 오라는 명령이 있어서 이렇게 왔습니다. 준비하시고 저를 따르십시오."
　"폐하께서?"

왕궁에 도착한 피엘은 슬퍼하는 왕과 왕비를 뵈었습니다.

"잘 왔네. 피엘 군. 어쩌면 자네는 좋은 해답을 갖고 있지 않을까 싶어 불렀다네."

"무슨 일이신지?"

왕의 진지한 모습에 피엘은 약간의 두려움이 생겼지만, 용기를 내려 애썼습니다.

"공주의 일이라네."

"우리 공주, 공주의 머리카락이 하나도 없다네. 대머리가 되었단 말이야. 흑흑."

왕비는 울기 시작했습니다. 왕은 울고 있는 왕비의 어깨를 감싸며 함께 울었습니다.

피엘은 너무 당황스러웠습니다.

"그게 무슨 말씀이신지요?"

"우리 공주가 자고 일어났더니 그 아름답던 머리카락이 다 빠져버렸단 말이네! 아이쿠, 이런 해괴한 일이 우리 공주에게 일어나다니 도저히 이해할 수 없네. 공주는 아침에 일어나 거울을 보고선 그대로 기절을 해버릴 정도로 충격을 받았다네."

왕은 왕비의 등을 다독이며 슬프게 말했습니다.

"아!"

"이 사실은 왕궁에서도 몇몇밖에 모르는 일이니, 피엘 군도 다른 곳에 알리면 안 되네. 알겠는가?"

"네, 폐하!"

　"피엘 군은 이 일을 어떻게 하면 좋겠는가? 올해 우승자 단은 공주의 모습을 보더니 벌벌 떨다 짐을 싸서 도망가버렸다네. 그래서 1등 자격을 박탈해 버렸지. 만약 피엘 군이 이 일을 해결해 준다면 1등은 물론 평생 왕궁 미용사로 임명해주겠네. 어떤가? 해보겠는가? 아니면 단처럼 짐 싸서 도망을 갈 텐가?"

　왕은 진지하게 물었습니다.

　"먼저 공주님을 만나 뵙고 나서 말씀드리겠습니다. 허락해 주십시오."

　피엘은 한참이나 생각한 후 대답했습니다. 대답하는 피엘의 눈빛이 반짝였습니다. 그 모습을 본 왕과 왕비는 작은 희망이 보이는 듯 서로 눈을 마주쳤습니다.

　왕과 왕비, 경호담당관의 안내로 공주의 방에 도착했습니다. 공주의 방 앞 의자에는 카린이 꾸벅꾸벅 졸면서 앉아 있다가 발소리가 가까워지자 화들짝 일어나 예를 갖추었습니다.

　"아직도 그러고 있느냐?"

　"네, 폐하. 아직도 나올 생각을 안 하시고 울고 계십니다."

　"피엘 군이 들어가서 공주를 볼 테니 안내해라."

　"아닙니다. 폐하. 혼자 들어가 보겠습니다. 허락해 주십시오."

　"음, 알았네. 들어가 보게."

피엘은 가만히 공주의 방문을 열고 들어갔습니다. 아무 소리도 들리지 않았습니다. 피엘은 공주의 넓은 방 이곳저 곳을 살폈는데 옷장 안에서 작은 흐느낌이 들렸습니다. 옷장 앞으로 다가가 아주 조심스럽게 문을 열었더니 홑이불 같은 천을 둘러쓴 채 공주는 흐느끼고 있었습니다.

"공주님. 공주님."

공주를 여러 번 불렀지만, 공주는 꼼짝도 하지 않았습니다. 피엘은 무릎을 꿇고 앉아 가만히 천을 걷어 올렸습니다. 피엘은 몸을 움직여 빛이 들어와 공주를 확인할 수 있게 했습니다. 빛에 드러난 공주는 이상했습니다. 눈은 퉁퉁 부었고 눈물과 콧물이 흘러 더러웠고 머리카락이 빠져버린 머리는 주글주글 한데다 눈썹마저도 절반 정도 빠져 있어서 마치 아흔아홉 할머니 같아 보였습니다. 그 모습을 한참이나 보고 있던 피엘은 자신의 입을 막고 킥킥거리고 웃기 시작했습니다. 그러다 아예 배를 감싸고 바닥에 뒹굴었습니다.

"하하하, 아이고 배야! 너무 우스워, 하하하하!"

"..."

잠시 후 웃음을 겨우 참고 바닥에서 일어나 앉은 피엘은 얼마 참지 못하고 또 웃기 시작했습니다. 그런데 뭔가가 날아와 피엘의 머리통을 강타했습니다. 피엘이 놀라 머리를 감싸 쥐고 일어나 앉는데 이번엔 공주의 손바닥이 피엘의 얼굴을 가만두지 않았습니다. '철썩'

"용서하지 않겠다! 누군데 감히 날 보고 웃는 거야. 누구냐 넌?"

공주는 얼굴을 감싸고 엎드려 있는 피엘에게 주변 물건을 마구 던지고 심지어 발길질도 했습니다. 그런데도 피엘은 계속해서 '킥킥킥' 웃고 있었습니다.

"절대 용서 못 해! 널 죽일 거야!."

　화가 머리끝까지 오른 공주는 두리번두리번 주변을 살피다 예쁜 꽃이 꽂힌 큰 화병을 머리 위로 치켜올렸습니다. 그러자 화병의 물과 꽃들이 공주의 얼굴로 쏟아졌습니다. 그 모습에 피엘이 또 크게 웃었습니다. 공주는 창피해서 더 참을 수가 없었습니다. 화병을 피엘에게 내리치려 했습니다.

"죽여 버릴 테야!"

"몇 개나 드셨어요?"

"으, 으응?"

피엘이 갑자기 묻자 공주는 멈칫했습니다.

"그 딸기 몇 개나 드셨냐고 묻고 있는 겁니다. 50개? 60개?"

피엘이 조심스럽게 일어나 앉았습니다. 옷매무시도 고치고 웃음기 사라진 얼굴로 진중하게 물었습니다.

"그, 그게 말야. 좀 많이 먹었어."

　공주는 들고 있던 화병을 내려놓고 바닥에 털썩 주저앉으며 수줍게 대답했습니다. 화난 공주의 모습은 어디론가 사라지고 자신이 딸기를 먹고 이렇게 된 걸 어떻게 알고 묻는 건지 의아해했습니다.

"그럼, 100개?"

피엘도 설마 하며 100개냐고 물었습니다. 손톱만 한 것이라도 100개면 상당한 양이란 걸 피엘은 알고 있었습니다.

"아니. 아마, 어쩌면…. 한 움큼씩 열 번쯤 먹은 것 같고, 또….."

"우와! 그것 말고도 또?"

"응, 그러니까 너무 아쉬울 것 같아서 옷 속에다 몇 움큼 숨겨 와서 밤에 카린 몰래 또 먹었어."

"아이고, 그러니까 눈썹까지 다 빠진 거구나. 대단하십니다. 공주님!"

"놀리지 마. 또 그러면 화병을 던질 테다!"

"용서하세요. 그래도 웃긴 건 웃긴 겁니다. 하하."

"그런데 넌 누군데 내 방에 들어 온 거냐?"

"네, 전 피엘 이라고 합니다. 헤어디자이너입니다."

"미용사야? 미용사가 머리도 없는 사람에게 무슨 필요가 있다고. 대머리에게 미용사가 필요하겠어? 그러니 인제 그만 돌아가."

공주는 다시 옷장 안으로 들어가려 했습니다.

"공주님을 다시 웃게 해드릴 텐데요. 그러면 필요 있는 디자이너가 되겠죠?"

"난 이제 웃지 않아. 평생 슬프기만 할 거야. 어서 가라니까."

"에이, 제 말을 못 믿으시는군요. 내기해도 좋아요. 당장 웃겨 드릴 테니 저와 내기하셔도 좋아요. 공주님은 웃지 않는다에 거세요. 전 공주님이 웃는다에 제 전 재산인 404골드와 흰 염소 한 마리를 걸겠습니다."

피엘의 말에 공주는 오기가 생겼습니다.

"좋아 내기해. 하자고!"

"공주님은 뭘 거실 건가요?"

"네가 필요한 걸 말해. 그럼 그걸 걸겠어."

"그럼, 제가 이기면 나중에 제 소원 한 가지를 들어 주세요."

"소원이라. 좋아. 그 대신 엉큼하게 키스를 해달라거나 결혼을 해달라거나 하는 소원은 안 돼. 부자가 되게 해달라고 하는 건 아빠께 말씀드려서 해줄 수 있겠지. 자 이제 날 웃겨 봐. 어서."

공주는 속으로 콧방귀를 뀌며 절대 웃지 않으리라 다짐했습니다.

"그럼. 시작할 테니 30초간만 눈을 감고 있다 뜨세요. 숫자는 제가 세겠습니다."

공주는 눈을 감고 서 있었습니다. 피엘은 공주와 서너 걸음 떨어져 서서 주머니를 뒤적거려 무언가를 꺼내 머리 이곳저곳에 뿌렸습니다.

공주가 천천히 눈을 떴습니다. 그리고 몇 초간 아무 말 없이 피엘을 보았습니다.

"... 으, 으, 으하하, 으하하하하!"

공주는 처음엔 터져 나오는 웃음을 참느라 양손으로 입을 막았지만 피엘의 몇 가닥 남지 않은 머리카락이 눈에 들어오자 더 이상 참지 못하고 웃음을 터트리고 말았습니다. 피엘도 공주처럼 대머리가 된 상태였습니다.

"아이고, 웃겨! 졌어. 내가 졌어. 졌다고. 하하하하."

공주도 피엘처럼 배를 움켜잡고 바닥을 떼굴떼굴 굴렀습니다. 피엘도 같이 웃었습니다.

모두 공주의 응접실에 모여 앉았습니다.

"그렇다면 피엘 군도 공주처럼 그 딸기를 먹었었나?"

왕이 물었습니다.

"네, 그렇습니다. 비암산 어느 계곡에서 나오는 딸기가 세상에서 가장 맛있는 딸기라고 하길래."

"그랬군. 그럼, 그 가발은?"

"네, 음식점 주인이 제게 100골드를 선뜻 빌려주셔서 그 돈으로 산 것입니다. 대회에 참가하면서 대머리로 참가하는 것이 부끄러웠습니다."

"우리 공주도 가발을 써야겠군. 그런데 예전 같은 아름다운 머리칼은 어쩐단 말야. 휴우. 내일 공주 생일에 언제나처럼 백성들에게 보여야 하는데 큰일이야. 내일 공주가 보이지 않으면 백성들이 궁금해할 테고 그 궁금증이 공주가 이렇게 되었단 사실을 알게 만들 테니 시간문제야. 휴우."

왕은 긴 한숨을 내 쉬었습니다.

"폐하. 예전의 공주님 머리칼만큼은 아니지만 비슷한 머리칼을 구할 수는 있을 것 같습니다. 제가 그 시간까지 가발을 만들어 오겠습니다."

"제니 누나 부탁해. 도와주세요."

피엘은 제니의 손을 붙잡고 통사정하고 있었습니다.

"웬만하면 피엘 군말대로 도와주렴. 머리카락은 또 자라잖아."

"아빠 모르세요. 모델에겐 머리카락이 굉장히 중요하다고요. 안 돼요. 절대!"

제니는 잔뜩 화를 내며 아빠에게 말했습니다.

"허허, 참. 모델이 뭐라고…."

"제니 누나. 그럼 내가 누나 소원 한 가지를 들어 줄게. 지금 당장 말해도 되고 나중에 말해도 돼 어때?"

피엘은 약간의 애교가 섞인 말과 행동으로 제니의 마음을 돌리려고 애를 썼습니다.

"소원이라. 그 어떤 것도?"

제니는 소원이란 말에 솔깃했습니다.

"그래요. 대신 엉큼하게 키스를 해달라거나 결혼을 해달라거나 하는 소원은 안 돼. 부자가 되게 해달라고 하는 건 내가 부자가 돼야 하니까 너무 오래 걸릴지도 몰라."

피엘은 공주가 했던 말을 생각하며 재치 있게 말했습니다.

"좋아. 소원 한 가지 받기로 하고 내 머리카락 줄게."

"고마워요. 제니 누나! 아저씨 부탁해요."

주인아저씨가 데려온 기술자 아주머니 두 명은 밤새 작업을 해서 경호담당관 쟝이 오기 전까지 겨우겨우 예쁜 가발을 만들어 냈습니다. 피엘은 가발을 가지고 왕궁으로 가 공주에게 씌워 주었습니다. 그리고 결선 무대에서 선보인 간단한 머리 꾸미기를 좀 더 세밀하게 했고 아주 자세히 보지 않으면 가발이란 걸 알지 못할 정도로 솜씨를 발휘했습니다. 완성된 자신의 모습을 거울 속에서 본 공주도 기뻐했습니다.

행사는 예전처럼 무사히 치러졌습니다. 퐁탕쥬 스타일의 정원 머리를 기대했던 사람들이 아쉬워했지만, 건강상 문제가 생길 수 있다는 설명에 수긍하였습니다.

단은 무서워서 벌벌 떤 게 아니었습니다. 공주의 모습이 너무 우스워서 웃음을 참고 또 참느라 떨었던 것입니다. 그런데 왕은 그 모습을 보고 겁쟁이라 생각해 단의 1등 자리를 빼앗아 버린 것이었습니다.

"폐하, 공주님과 함께 갈 수 있게 허락해 주십시오."

피엘은 자신보다는 공주의 예쁜 머리칼을 찾아 주고 싶었습니다. 그래도 남자는 대머리라 해도 어느 정도는 감내해 낼 수 있겠지만 여자가 그것도 공주가 대머리라는 사실이 알려지면 많이 힘들 것이라 생각했습니다. 그래서 공주와 함께 둥글러스를 찾아가 보기로 했습니다.

"그렇지만 밖으로 나다니다 보면 공주의 비밀이 탄로 나는 것은 시간문제일 것이다. 피엘 군이 방법을 찾아 주면 공주에게 쓰면 될 것이고."

"폐하의 말씀이 맞습니다. 그러나 공주님께서 옷장 안에서 울고 계시는 것보다는 밖에 나가 무언가를 하는 것이 공주님께 더 좋을 것으로 생각됩니다."

피엘의 간곡한 부탁과 쉼 없이 눈물만 흘리는 공주의 모습에 왕은 어쩔 수 없이 허락을 해주었습니다. 왕은 몰래 왕궁 밖으로 공주를 데려다준 죄로 해임했던 우편 배달 마부 찰스를 다시 복직시켜 피엘과 공주를 누구에게도 들키지 않게 비암산에 데려다주도록 명령했고 시녀 카린과 경호담당관 쟝도 함께 가도록 명령했습니다.

피엘 일행은 황홀의 들판을 지나 계곡을 내려가 둥글러스를 불러냈습니다.

"더는 딸기를 먹으면 안 됩니다!"

"딸기를 먹으려고 온 것이 아닙니다. 이것 보세요. 딸기를 먹고 이렇게 되었습니다."

피엘과 공주는 가발을 벗어 보였습니다. 둥글러스는 눈살을 찌푸렸습니다.

"왜 욕심을 부리셨습니까?"

둥글러스는 짜증이 섞인 목소리로 말했습니다.

"미, 미안해. 용서해줘."

공주는 두 손을 가슴에 모으며 사과했습니다. 그 모습을 본 둥글러스는 조금은 편한 얼굴이 되었습니다.

"이 딸기는 우리 러스들의 귀중한 식량입니다. 일 년에 딸 수 있는 양이 많지 않습니다. 예전엔 이산 어디에나 딸기가 자랐지만, 너무 맛있다는 것을 알고 사람들이 마구 따서 먹어버려 우리 러스들의 식량이 부족해졌고 그것 때문인지 우리 러스들의 숫자도 점점 줄어들었지요. 그래서 우리 러스들은 사람들이 딸기를 많이 먹으면 좋지 않은 일이 생기게 마법을 걸어 놓은 것입니다."

"그 마법을 풀면 빠져버린 머리카락이 다시 나오나요?"

피엘이 급히 물었습니다. 공주도 둥글러스의 대답을 기다렸습니다.

"쉬운 일이 아닙니다. 아주 오래전에 걸어 둔 마법이고 그걸 기억하는 러스는 이제 한 분뿐입니다. 그러나 그분이 몹시 편찮으십니다."

"만나 뵙게 해주세요. 아니 만나 뵈려면 어떻게 해야 하는지 알려 주세요."

피엘과 공주는 둥글러스에게 간청했습니다. 둥글러스는 몹시 고민했습니다.

"그럼, 공주님만 저를 따라오세요. 다른 분들은 내가 돌아올 때까지 기다려 주세요."

　공주는 둥글러스의 뒤만 따라갔습니다. 안개 속을 걷는 것 같기도 하고 물속을 걷는 것 같기도 한 느낌이었지만 무섭지도 떨리지도 않았습니다. 얼마쯤 갔을까. 여기저기서 말소리가 들렸습니다. 맑은 햇살이 눈 부신 왕궁의 정원처럼 사방이 맑고 싱그러웠습니다. 좋은 향기가 났고 왠지 모를 활기가 느껴졌습니다. 둥글러스를 따라 걷는 공주를 발견한 여러 러스들은 하던 일을 멈추고 일제히 공주를 쳐다보았습니다. 가발을 쓰고 있었지만, 대머리가 된 자신을 보는 것 같아 공주는 창피했습니다. 공주의 얼굴은 홍당무처럼 빨갛게 달아올랐습니다. 그때 누군가가 공주에게 인사를 했고 연이어 여기저기서 공주에게 인사하는 소리가 들렸습니다. 공주는 깜짝 놀라 두리번거렸습니다. 모든 러스들이 공주에게 인사를 했던 것입니다.

　"둥글러스. 저들이 날 알아?"

　공주가 조용히 물었습니다.

　"이 나라에 사는 사람 중에 공주님을 모르는 사람들이 없듯이 이 나라에 사는 요정들도 공주님을 모두 다 알 것입니다. 그게 당연히 것이지요."

　둥글러스의 말에 공주는 감동을 받았습니다. 미안한 마음도 더 생겼습니다.

　"다 왔어요. 저기예요."

　둥글러스가 가리킨 곳에는 커다란 딸기 모양의 집이 있었습니다.

　"어, 딸기 모양이네. 하하."

　공주는 러스들에게 딸기가 중요한 것이란 걸 새삼 느꼈습니다.

　딸기 집 안에는 숨쉬기조차 힘겨워하는 러스가 침대에 누워 있었습니다.

　"제 할아버지시기도 하고 우리 러스족 족장이기도 합니다."

　"아, 안녕하세요."

　공주는 최대한 공손히 인사를 했습니다.

둥글러스의 할아버지가 천천히 눈을 떴습니다.

"걱정 끼쳐서 죄송합니다."

"괜찮습니다. 누구에게나 실수는 있는 것이니까요. 그러나 실수를 깨닫지 못하고 사과하지 못하고 고치지 못한다면 그것이 더 큰 문제이지요. 공주님은 실수하셨지만 깨닫고 사과하고 고치려 노력하고 있습니다. 그 모습이 예쁩니다. 공주님이 이곳까지 온 이유를 알고 있습니다. 방법은 있습니다. 하지만 쉽지 않을 것입니다. 어쩌면 모든 사람이 다 알게 되어 창피를 당할 수도 있습니다. 그래도 해보겠다면 방법을 알려 드리겠습니다."

"방법을 알려 주세요. 창피를 당해도 괜찮아요. 그래도 이렇게 평생을 사느니 창피를 당해도 할 수 있는 만큼은 해 봐야지요."

공주는 눈물을 글썽거리며 말했습니다.

"알겠습니다. 둥글러스야. 그걸 가져오너라."

둥글러스는 다른 방문을 열고 들어가더니 작은 주머니를 가져와 공주에게 건넸습니다.

"주머니에 든 것은 딸기 씨앗입니다. 그것을 탑피에게 가져다주면 탑피가 방법을 알려줄지도 모릅니다. 곧 탑피의 200번째 생일인데 생일 선물로 씨앗을 받는다면 굉장히 좋아할 것입니다. 오래전부터 원하던 것이니까요."

"탑피가 누군데요?"

"가보면 알 것입니다. 시간이 없습니다. 7일 안에 도착해야 합니다. 지도도 드리거라."

둥글러스는 손수건처럼 잘 접힌 지도를 건넸습니다.

"공주님 꼭 성공하시길 빌겠습니다."

"고맙습니다. 편히 쉬세요."

공주는 정중히 인사를 하고 둥글러스를 따라나섰습니다. 왔던 길을 되돌아갈 때도 러스들은 공주에게 인사를 했습니다.

"공주님, 꼭 성공하세요."

공주는 손을 흔들어 인사에 보답했습니다.

저만치서 공주와 둥글러스가 다가오는 모습이 보였습니다.

"서둘러야 해. 7일 안에 이것을 탑피라는 분께 가져다주면 그가 방법을 알려 줄지도 모른대."

"그게 뭔데요. 공주님?"

"응, 씨앗이야."

"7일 안에 그곳에 도착하는 것은 사실 불가능합니다. 그렇지만 아까 드린 지도에 그려진 지름길이라면 가능할지도 모릅니다. 그 지름길에는 여러 가지 어려움이 있습니다. 그 어려움을 해결한다면 7일 안에 도착할 수 있을 겁니다. 그럼 전 가보겠습니다."

"고마워. 둥글러스."

멀어져가는 둥글러스에게 공주는 큰 소리로 말했습니다.

"일단 찰스에게 가 봐요. 찰스는 우편 배달부니까 여기가 어딘지 알지도 몰라."

공주는 뛰기 시작했습니다. 어찌나 빠른지 카린은 겨우겨우 따라 올 정도였습니다.

찰스는 공주가 내민 지도를 보고 고개를 절레절레 흔들었습니다.

"이곳은 이웃 나라로 넘는 국경 지역입니다. 이곳까지는 이 마차로 쉬지 않고 달려도 보름은 걸릴 겁니다. 도저히 무리입니다."

"그러니까. 지름길로 가야 한다고."

공주가 소리쳤습니다.

"공주님, 마차로 갈 수 있는 곳은 이곳 지혜의 다리 앞까지뿐입니다. 지혜의 다리는 한 사람이 겨우 지날 수 있는 작은 다리라서 마차는 건널 수 없습니다."

"지혜의 다리까진 얼마나 걸려?"

"쉬지 않고 달리면 낼 아침까지는 도착할 수 있습니다. 그러나 여기 계신 전부가 마차를 탄다면 시간은 더 걸릴 테니 최대한 마차를 가볍게 해야 합니다."

찰스는 걱정스럽게 말했습니다.

"그럼, 카린은 산 아래서 내려서 폐하께 지금까지의 이야기를 전해드리는 게 좋겠어."

찰스는 산 아래서 카린을 내려주고 다음 마을 우체국에 들러 마차에 실려 있던 우편물을 맡기고 나서는 쉬지 않고 달렸습니다. 공주는 쟝의 어깨에 기대어 잠들었습니다. 그러나 쟝과 피엘은 단 한숨도 자지 않았습니다. 마차는 해가 뜨기 직전에야 지혜의 다리 앞에 도착했습니다.

"이곳을 어떻게 건넌단 말야."

피엘은 주변을 살폈습니다. 주변에는 어른 팔뚝보다 더 굵은 밧줄이 엄청나게 쌓여있었습니다. 잠시 후 사람들 소리가 났습니다.

"당신들은 누구십니까?"

"예를 갖추시오. 이분은 공주님이십니다."

쟝은 공주를 사람들에게 소개했습니다. 사람들은 놀라워했습니다. 공주의 얼굴을 확인한 사람들은 기뻐하면서도 공주가 그곳에 있는 사실을 의아해했습니다.

"아이쿠! 그건 위험한 일입니다. 전 이곳 책임자인 헌입니다. 다리가 낡아서 작은 동물조차 넘어갈 수 없습니다. 큰일 납니다. 저쪽 계곡까지 너무 멀고 바람도 심해서 방법을 찾지 못하고 있습니다. 꿈도 꾸지 마세요."

책임자 헌은 손을 휘저으며 말했습니다.

피엘은 곰곰이 생각했습니다. 그러다 좋은 생각이 났습니다.

"제게 좋은 생각이 있는데, 누군가 한 사람은 저곳으로 꼭 건너가야 합니다."

인부 모두는 피엘 앞으로 모였습니다. 피엘은 자신의 생각을 말해 주었습니다.

"음, 가능하겠어. 말한 대로 한 사람만 건너갈 수 있다면 될 것 같군. 그런데 누가 건너가지? 내 생각엔 어른들은 절대 위험해 그렇다고 어린아이에게 시킬 일은 아니야."

책임자 헌이 말했습니다.

"내가 하겠어!"

공주가 말했습니다. 모두는 깜짝 놀랐습니다. 쟝은 큰소리로 안 된다고 외쳤습니다.

"내가 제일 가벼워. 내가 할 거야!"

공주는 단호히 말했습니다. 모두는 공주의 의지를 꺾을 수 없음을 알았습니다.

"자. 준비하자고!"

공주의 허리에는 가는 실이 둘러져 있었습니다. 피엘과 책임자 헌은 양쪽으로 서서 실타래를 조심조심 풀어 주고 감았고 공주는 조심조심 발판을 딛고 양쪽 밧줄을 잡으며 다리를 건너기 시작했습니다. 중간중간 발판이 떨어져 내려 위험한 순간도 있었습니다. 그런데 다리 중간쯤에서 공주의 가발이 심한 바람에 날아가 버렸습니다. 사람들은 깜짝 놀랐지만, 공주는 의연하게 견뎌 냈습니다.

이윽고 공주는 건너편 계곡에 도착했습니다. 책임자 헌은 가는 실에 좀 더 두꺼운 실을 이었고 그 실은 공주를 거쳐 피엘이 받았고 그다음은 좀 더 두꺼운 줄을 그다음은 손가락 굵기의 줄을 받는 데 성공했습니다. 공주는 손가락 굵기의 줄을 거대한 바위 뒤로 넘겨주었습니다. 얼마 후 아침에 피엘이 보았던 어른 팔뚝 굵기의 밧줄이 출발했고 그 밧줄이 다리 중간쯤 도달했을 때 밧줄 무게에 다리는 무너져 내렸습니다.

"피엘 이라고 했지? 자네 덕분에 성공한 것 같군. 하하."

책임자 헌이 호탕하게 웃었습니다.

"아닙니다. 공주님과 여러분이 애쓴 덕분입니다. 특히 공주님이 대단하셨어요. 울보 공주님인 줄 알았는데….'

"하하하. 울보라고? 어딜 봐서 우리 공주님이 울보란 말인가."

모두는 유쾌하게 웃었습니다. 피엘 쪽 밧줄은 책임자 헌의 밧줄과 연결되었고 연결된 밧줄은 저쪽 계곡을 몇 번이나 돌았습니다. 부지런한 인부들 덕에 저녁때쯤 가교가 완성되었고 피엘과 쟝은 공주와 다시 만날 수 있었습니다.

가발이 날아가 버려서 대머리인 공주의 모습이 측은해서 피엘과 쟝은 마음이 아팠습니다.

"공주님. 오늘 밤은 여기서 자고 내일 아침 일찍 출발해요. 내일부터 걸어가야 하니까. 체력을 비축해 놓는 게 좋을 것 같아요."

피엘의 말에 공주는 고개를 끄덕였습니다. 공주는 곤히 잠들었습니다.

"그런 일이 있었군요. 걱정 마십시오. 인부들에겐 내가 말조심하도록 부탁할 테니까요. 우리 인부들도 공주님을 사랑하니 제 일처럼 생각할 겁니다."

헌은 나지막하지만 힘주어 말했습니다.

"고맙습니다."
피엘도 눈을 붙였습니다. 그러나 쟝은 그 밤도 한숨도 자지 않고 공주를 지켰습니다.

"이제 5일밖에 남지 않았어. 그런데 우린 이제 다리 하나를 건넜을 뿐이야. 서둘러야 해."
잠시 쉬어 가자는 피엘의 말에 공주는 거친 숨을 쉬며 말했습니다.
"그래도 이렇게 걷다간 곧 지쳐 버린다고요."
피엘도 거친 숨을 쉬며 말했습니다.
"괜찮아. 어서 가."

몇 개의 산을 넘고 몇 개의 강을 건너고 또 몇 개의 산을 넘었습니다. 공주가 입고 있던 드레스는 찢기고 닳아서 너덜거렸습니다. 공주는 피엘에게 부탁해 드레스를 무릎까지 잘라 버렸습니다. 그리고 또 걷기 시작했습니다. 이틀이 더 지났습니다.
"내일 정오엔 암흑 동굴에 도착하겠어요."
피엘이 말했습니다.
"으응, 그래…."
공주는 제대로 대답도 못 한 채 쓰러져 잠들어 버렸습니다. 쟝은 그 밤도 잠들지 않았습니다.

　암흑 동굴 앞에는 노인이 앉아 있었습니다. 왼손에 쥔 요상한 모양의 지팡이에 의지한 노인은 삐쩍 말라 뼈와 가죽뿐이었고 살아 있는 것조차 놀라울 정도였습니다. 언제 씻었는지 모를 만큼 더럽기도 했습니다.

　"흐흐. 겁 없는 인간들이 또 왔군."

　피엘 일행이 노인 앞에 다다르자 노인이 먼저 말을 했습니다.

　"안녕하세요. 우린 이 동굴을 지나야 합니다. 어떻게 하면 되는지 알려 주십시오."

　피엘이 정중히 말했습니다.

　"흐흐. 이 동굴 안은 암흑이야. 그 어떤 빛도 하락하지 않아. 이 동굴을 지난 사람은 세상에 딱 한 사람이지. 흐흐."

　노인은 곧 숨이 넘어갈 듯 말했습니다.

　"그 게 누군데요? 혹시 어르신이세요?"

　피엘이 물었습니다.

　"오호! 영특하군. 맞아. 나밖에 없지. 흐흐."

　"그 방법을 알려 주세요. 부탁합니다."

　피엘이 노인 앞에 꿇어앉으며 말했습니다.

　"소용없네. 그 어떤 것도. 흐흐."

　"그래도 뭔가를 드리지 않으면 저희에게 방법을 알려주지 않을 거잖아요."

　"그렇지. 그렇고말고. 그러니 돌아가던가. 그냥 동굴로 들어가 암흑 속에서 헤매다 죽든가 둘 중 하나를 선택하면 되네. 그러나 아까운 목숨 버릴 필요는 없겠지."

　노인은 가만히 눈을 감았습니다.

　"할아버지. 할아버지가 원하는 것을 말해 보세요. 제가 드릴게요. 그 어떤 것이라도 말이에요. 전 이 나라 공주니까. 아마 원하는 걸 드릴 수 있을 거예요."

　공주가 노인 앞으로 다가서며 말했습니다.

　"고, 공주님이시라고요?"

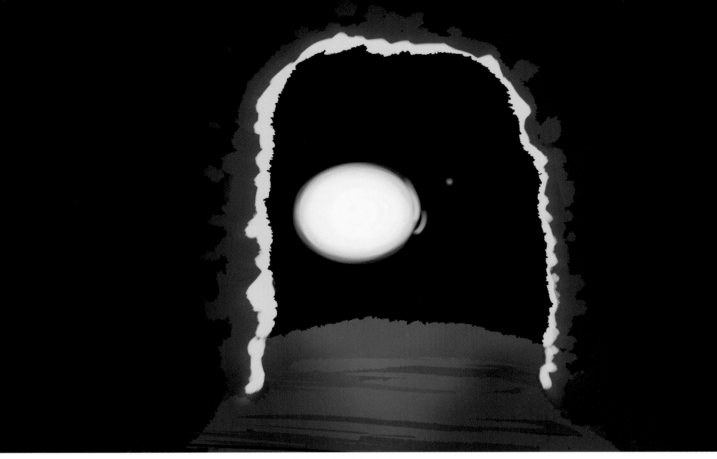

노인은 놀랐습니다. 노인은 공주를 보려고 감았던 눈을 떴습니다.

"제가 이 나라 공주입니다."

"오오, 별빛을 담은 눈망울을 가졌다는 공주님이시군요. 정말로, 정말로 공주님이 맞는군요. 공주님의 눈은 정말로 아름답습니다. 흑흑."

노인의 눈에선 눈물이 흘러내렸습니다. 공주는 어쩔 줄 몰라 했습니다.

"공주님이라면 가능하십니다. 공주님이라면 알고 있습니다. 공주님이라면 제게 주실 수 있습니다. 제게 세상에서 제일 따뜻한 걸 주십시오. 그러면 저 동굴을 통과하는 방법을 알려 드리겠습니다."

노인은 울면서 말했습니다. 공주는 당황스러웠습니다. 세상에서 제일 따뜻한 게 무엇인지 알지도 못하지만 갖고 있지도 않기 때문이었습니다.

"제가 알고 있다고요? 제가 줄 수 있다고요? 난 그것이 무엇인지 알지 못하는데요."

공주는 노인의 눈을 쳐다보았습니다. 노인의 눈은 무언가를 간절히 원하고 있었습니다. 공주는 노인의 눈을 보고서야 그게 무엇인지 알 것 같았습니다. 공주는 노인의 오른손을 두 손으로 꼭 잡고 체온이 느껴지도록 했습니다. 그러다 가만히 노인을 안아주었습니다.

"천둥과 번개 치는 밤이나 무서운 꿈을 꿨을 때 엄마가 이렇게 해주셨어요."

공주는 노인을 안은 채 한참이나 그렇게 있었습니다. 노인은 서럽게 울었습니다. 공주도 울었습니다.

"고맙습니다. 고맙습니다. 더럽고 병든 노인의 손을 잡아 따뜻한 온기를 주시고 흉측한 육신을 보듬어 안아 따뜻한 마음을 주시는 당신은 이 나라의 공주님이 될 자격이 충분하십니다. 이걸 받으세요."

노인은 공주에게 들고 있던 지팡이를 건넸습니다.

"이건?"

"동굴 안에 들어가 빛이 모두 사라졌을 때 이 지팡이로 땅을 세 번 치면 이 지팡이가 빛이 되어 줄 것입니다."

공주는 다시 한번 노인을 꼬옥 안아주었습니다.

빛이 사라진 동굴 안은 눈앞의 손도 보이지 않았습니다. 피엘이 지팡이를 세 번 내리치자 지팡이는 푸르스름한 빛을 내기 시작했습니다. 동굴 안에는 동굴에 들어왔다 길을 잃고 헤매다 죽은 사람과 동물들의 뼈가 수없이 발견되었습니다. 수없이 엉킨 거미줄은 피엘의 가위질로 제거되었습니다. 피엘과 공주와 쟝은 반나절 만에야 동굴에서 빠져나올 수 있었습니다.

"휴우. 이제 살 것 같아. 동굴 속은 너무 무서워."
공주는 동굴 앞 바위에 주저앉으며 말했습니다.
"그러게, 말입니다. 돌아갈 때는 좀 더 쉽게 갈 수 있게 표식을 해 두었으니 괜찮을 겁니다. 이제 저 강 아래까지만
내려가면 됩니다."
피엘이 동굴 아래 흐르는 강을 가리키며 말했습니다.
"이제 이틀 정도 남았는데 가능하겠어?"
"가능할 것 같아요. 오늘은 이 근처에서 잠을 자고 내일 아침 일찍 출발해요."
"그렇게 해."
공주는 앞장서서 강가로 내려갔습니다. 강은 아래로 내려갈수록 폭이 넓어졌습니다.
"저기 마을이 있는데요?"
피엘이 굴뚝마다 연기가 오르는 마을을 발견했습니다.
"오늘은 저기서 쉬면 되겠어."
공주는 기분 좋은 표정이 되었습니다.

대머리 공주의 등장에 마을 아이들이 하나둘 모여들어 어느새 공주를 에워쌌습니다. 공주는 창피해하지 않았습니
다. 아이들이 놀려도 장난스럽게 만져도 화내지도 않았습니다.
마을 촌장은 허리 꼬부라진 할머니였습니다. 촌장 할머니는 자기 집에 공주와 피엘, 쟝을 머물게 하고 맛있는 저녁
과 깨끗한 잠자리를 제공해 주었습니다.

"그래, 어디로 여행 중인가요?"

촌장은 차를 마시며 물었습니다.

"탑피란 분을 만나러 가요. 곧 그분 생일이라 생일 선물을 전해 달라는 심부름 중입니다."

공주는 아무 의심 없이 말을 했습니다.

"아, 그렇군요. 그렇다면 잘 됐어요. 가는 길에 내 선물도 전해 주어요. 그렇게 해줄 수 있죠? 내가 이제 허리가 구부러져서 먼 여행을 할 수가 없으니 내 선물도 함께 전해 줘요."

촌장은 환하게 웃으며 말했습니다.

"그렇게 할게요. 맛있는 저녁도 주셨으니까요."

공주는 그러겠다고 대답을 해버렸습니다. 피엘은 뭔가 마음에 들지 않았지만 더 이상 말할 수 없었습니다.

다음 날 아침 촌장은 손바닥 크기의 상자를 피엘에게 건넸습니다. 상자에는 커다란 다이아몬드와 에메랄드, 자수정이 들어있었습니다.

"탑피에게 울라가 보냈다고 말하면 됩니다."

"알겠습니다. 꼭 전할게요."

촌장은 넉넉한 크기의 배도 빌려주었습니다. 셋은 배를 타고 유유히 강 아래로 내려갔습니다.

　강 아래에 도착한 일행은 들판 가운데 커다란 전나무 아래에서 밤을 보내야 했습니다. 간단한 저녁을 먹고 늘 그랬던 것처럼 공주는 단잠에 빠졌고 피엘도 그랬습니다.

　아침이 되어 피엘이 눈을 떴을 때 공주는 여전히 잠을 자고 있었습니다. 그러나 쟝이 보이지 않았습니다.

　"공주님. 일어나 보세요. 어서요!"

　피엘은 공주를 흔들어 깨웠습니다. 공주는 화들짝 놀라서 깨어났습니다.

　"왜? 왜 이렇게 소란을 피워?"

　"공주님. 쟝이 보이지 않아요. 촌장이 준 선물을 담았던 가방도 보이지 않고…."

　피엘이 사방을 두리번거리며 말했습니다.

　"설마? 쟝은 그런 사람이 아니야. 쟝은 억만금을 준다고 해도 나를 배신하지 않아. 난 믿어. 사정이 생겼을 거야."

　공주는 확신에 찬 표정으로 말했습니다.

　"여기서 기다려야 할까요? 해 질 녘까지 탑피를 찾아야 하는데."

　"글쎄. 음, 앗!"

　공주가 소리쳤습니다.

　"왜요? 왜 그러세요?"

　"러스 족장이 준 씨앗 주머니가 없어. 그것도 가져갔나 봐."

　공주는 어쩔 줄 몰라 했습니다.

　"아, 공주님. 걱정하지 마세요. 왠지 불길한 생각이 들었거든요. 그래서 어젯밤 공주님이 잠들었을 때 씨앗을 빼내 감춰 두었어요."

피엘은 품속에서 씨앗 주머니를 꺼내 공주에게 보였습니다.

"다행이야. 잘했어!"

"여기 있으면 안 될 것 같아요. 아마 어제 그 마을 촌장이 이 씨앗을 노리는 것 같아요. 자리를 떠야겠어요. 먼저 탑피에게 가는 게 좋겠어요."

"그래. 그러는 게 좋겠어."

공주와 피엘은 지도를 봐 가면서 탑피를 찾아 열심히 달리고 걷고 또 달리고 걸었습니다.

"잠깐만요. 공주님."

"왜?"

"누군가 쫓아 오는 것 같아요. 들리세요? 사냥개 소리 같아요."

"들려. 여러 마리 같아."

"우릴 쫓아 오는 게 분명해요. 뛰어요!"

공주와 피엘은 온 힘을 다해 뛰었습니다. 몇 개의 들판과 작은 개울들을 지나 지도에 표시된 동굴 입구에 도착했습니다.

"다 온 것 같아요."

"그러게. 들어가 보자."

공주가 먼저 동굴로 들어섰습니다. 뒤따라 들어온 피엘이 지팡이를 세 번 내리쳐 빛을 밝혔습니다. 그때 러스들이 나타났습니다.

"어서 오세요. 공주님. 제가 탑피입니다."

탑피는 거대한 러스였습니다. 너무 거대해서 한참을 올려다봐야 할 정도였습니다.

"여기 러스 족장님께서 보낸 선물입니다."

피엘이 씨앗 주머니를 러스들에게 건넸습니다.

"그렇게 사정할 때는 주지 않더니 이제야 보냈군."

"탑피 족장님. 족장님께선 대머리가 된 저희를 치료할 방법을 알고 계시는 지요?"

피엘이 물었습니다.

"알고 있습니다."

"혹시, 울라라는 사람을 아는 지요?"

"울라! 울라라고?"

탑피 족장은 무척 놀랐습니다.

"울라라는 할머니가 보낸 선물이 있었는데 함께 오던 쟝이 그 선물과 함께 사라졌어요."

"음, 알 것 같군. 그 사기꾼 할멈이 또 사기를 치려고 했군. 아마도 씨앗을 노렸을 거야. 틀림없어. 사랑하는 러스들이여. 지금 곧 흩어져서 쟝이란 사람을 찾고 울라 할멈이 무엇을 하는지 알아보도록 해요."

탑피의 부탁에 러스들은 순식간에 사라졌습니다.

"사기꾼 할멈이라고요?"

공주가 물었습니다.

"그렇습니다. 그 할멈이 우리에게 비암딸기 씨앗이라고 판 것이 사실은 비암딸기가 아니었습니다. 우린 그것이 비암딸기라고 믿고 수십 년 동안 먹었는데 그 덕에 이렇게 거대해져 버렸습니다. 그 다이아몬드와 에메랄드, 자수정은 내가 준 것입니다."

"족장님! 울라 할멈을 찾았습니다. 산 너머 들판에 있는데 이리로 오고 있어요. 그런데….."

"설마?"

"그렇습니다. 사냥개입니다. 다섯 마리나 됩니다. 무섭습니다!"
러스들은 모두 떨고 있었습니다.
"큰일이군. 다른 건 몰라도 사냥개라면 어찌해 볼 수 없는데."
탑피는 곤란스러워했습니다.
"걱정하지 마세요. 제가 혼내 줄테니!"
공주가 큰소리쳤습니다. 모두는 놀라 공주를 쳐다보았습니다.
"공주님. 사냥개라잖아요. 참으세요."
피엘이 말렸습니다.
"걱정 마. 난 무섭지 않아."
"탑피와 러스들은 나와라. 그렇지 않으면 사냥개를 모두 풀어 너희들을 죽일 것이다."
울라 할멈은 동굴 앞에 도착해 큰 소리로 말했습니다. 탑피와 러스들이 나타났습니다. 공주와 피엘도 함께 나타났
습니다.
"오늘은 말을 잘 듣는군. 돼지 같은 러스들."
울라 할멈은 러스들을 비아냥거렸습니다.
"울라 촌장. 왜 이런 짓을 하는 거죠?"
공주가 나서서 물었습니다.
"으흠. 대머리 아가씨. 씨앗을 잘도 숨겼더군. 다치고 싶지 않다면 물러나 있어요!"
울라 할멈은 큰 소리로 말했습니다.
"하하. 울라 촌장. 당신은 큰 실수를 하는 거야. 내가 누군 줄 알아?"
"누구긴 대머리 아가씨지. 더 이상 나서면 사냥개를 풀어서 여기 있는 러스들 모두를 물어 버리게 할 테다. 탑피 족
장, 그러기 전에 딸기 씨앗을 내놓으면 좋겠어!"
울라 할멈의 협박에 러스들은 탑피 족장 뒤로 숨었습니다.

"울라 촌장. 내 말 들어. 난 너희들 나라의 공주다. 내 말을 듣지 않고 러스들을 괴롭힌다면 폐하께서 용서하지 않을 거야!"

"하하하. 공주가 대머리란 소릴 듣지 못했다. 공주는 칠흑같이 검고 사람들의 눈을 맑게 하는 머릿결을 갖고 있다고 했다. 대머리는 절대 아니지. 하하하."

공주는 대머리란 사실이 새삼 슬퍼져서 두 손으로 얼굴을 가리고 울었습니다.

"울라 촌장께선 큰 실수를 하신 겁니다. 이분은 공주님이 맞습니다. 더 이상 공주님을 모독하거나 러스들을 괴롭힌다면 정말로 폐하께서 큰 벌을 내리실 겁니다. 그만두고 돌아가세요."

피엘이 심각하게 말했습니다.

"듣기 싫다. 공주 따위가 무슨 상관이야! 난 씨앗을 원한다. 셋 셀 동안 씨앗을 내놓지 않으면 사냥개를 풀어 버리겠다. 탑피 족장. 어서 결정해라. 하나, 두울."

탑피와 러스들은 무서움에 꼼짝할 수가 없었습니다.

"제발 그만둬!"

공주가 소리쳤습니다.

"세엣! 모두 물어 버려라!"

울라 촌장이 소리쳤습니다. 사냥개들은 러스들을 향해 무섭게 달려들었습니다. 사냥개 한 마리는 공주에게 달려들었습니다. 공주는 두 팔로 머리를 감싼 채 웅크렸고 피엘이 그 앞을 막아섰습니다. 피엘은 왼손엔 지팡이, 오른손엔 가위를 들고 맞섰습니다.

"러스들이여, 무서워 말고 돌아라. 바람을 일으켜라!"

탑피 족장이 소리쳤습니다. 러스들은 각자 자리를 잡더니 그 자리에서 팽이처럼 돌기 시작했습니다. 많은 먼지와 바람이 세차게 일어났습니다. 무섭게 달려들던 사냥개들은 멈춰 서서 어쩔 줄 몰라 하며 으르렁거렸습니다.

"당장 물어뜯어라. 무서워할 것 없다. 도망가는 놈은 밥을 주지 않겠다!"

　울라 촌장의 앙칼진 목소리에 사냥개들은 다시 러스들에게 달려들어 물어뜯으려고 했습니다. 러스들은 팽이처럼
돌면서 이리저리 도망을 다녔고 피엘은 으르렁거리는 사냥개와 맞서고 있었습니다. 기회를 엿보던 사냥개가 피엘에
게 달려들었습니다. 피엘은 두려워하지 않고 재빠른 가위질로 맞섰습니다. 피엘의 허벅지는 금세 피로 물들었지만
피엘을 물었던 사냥개도 피엘의 가위질에 온몸이 피투성이가 되었습니다. 사냥개는 더욱더 으르렁거리며 피엘에게
달려들었습니다. 하지만 피엘의 저항도 만만치 않았습니다. 러스를 쫓던 사냥개 한 마리가 피엘 뒤에 웅크리고 있는
공주를 향해 조용히 다가왔습니다. 그런데 그 사실을 아무도 몰랐습니다. 결국 사냥개는 공주를 물어뜯으러 몸을 날
렸습니다.
　"아악!"
　공주는 비명을 질렀습니다.
　'퍽'
　공주 발 앞으로 사냥개가 피를 흘리며 떨어졌습니다. 피엘이 달려와 공주를 껴안았습니다.
　"공주님! 공주님, 괜찮으십니까?"
　쟝의 목소리였습니다. 쟝은 재빠른 몸놀림으로 공주와 피엘 곁으로 다가왔습니다.
　"쟝! 돌아왔구나."
　공주는 쟝이 나타난 걸 확인 하고 그대로 기절해 버렸습니다.
　"돌아와서 다행입니다!"
　피엘이 기쁜 얼굴로 말했습니다.
　"자세한 이야기는 차차 하기로 하지. 조금만 늦었어도 큰일이 날 뻔했군. 공주님을 살펴주게."
　쟝은 양손에 단검을 들고 사냥개와 맞섰습니다. 상황은 역전되어 갔습니다. 무술 실력을 갖춘 경호담당관 쟝은 놀
라운 실력으로 사냥개들을 제압했습니다. 목덜미에 쟝의 단검을 맞고 죽은 한 마리 사냥개를 제외한 나머지 네 마리
사냥개는 피를 철철 흘리며 도망을 가버렸습니다. 그때서야 러스들은 도는 걸 멈추고 환호성을 질렀습니다. 울라 촌
장의 수하들도 슬금슬금 도망을 쳤습니다. 결국 울라 촌장 혼자만 남게 되었습니다.

"저, 정말로 대머리 아가씨가 우리 공주님이었단 말이냐?"
울라 촌장은 벌벌 떨면서 힘겹게 말했습니다.
"그렇습니다. 왜 이런 일을 벌이셨습니까. 정말 착한 공주님이신데."
피엘은 안타깝게 말했습니다.
"잘못했습니다. 용서해 주세요. 흑흑. 비암딸기를 먹으면 젊어진다는 말을 듣고 욕심이 생겨서 그랬습니다. 제발 용
서해 주세요!"
울라 촌장은 무릎을 꿇고 앉아 슬프게 울었습니다.
"모든 결정은 폐하께서 내리실 겁니다!"
피엘은 단호히 말했습니다.

탑피는 공주와 피엘에게 푸른 물약을 나눠주었습니다. 푸른 물약을 하루 한 방울씩 꾸준히 먹게 되면 점점 머리카
락이 자라게 될 것이라고 알려 주었습니다. 공주와 피엘은 무사히 왕궁으로 돌아왔습니다. 왕은 피엘에게 왕궁 수석
디자이너 칭호를 내리고 상금도 주었습니다. 울라 촌장은 다른 나라로 추방이 되었습니다.

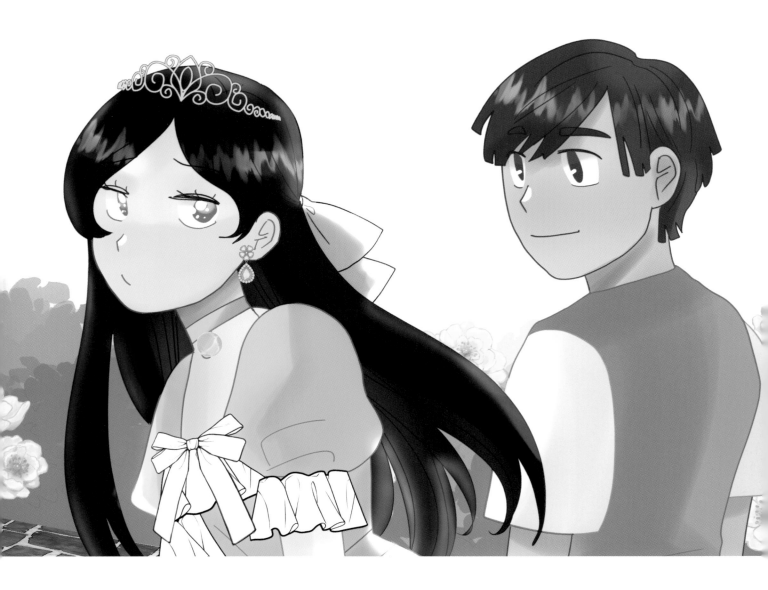

　1년이란 시간은 빨리 지나갔습니다. 그 사이 공주의 머리카락은 예전처럼 아름답게 자랐습니다. 사람들은 다시 공주의 예쁜 모습에 환호했고 행복해했습니다.

"공주님, 이제 제 소원을 들어주셔야 할 때가 된 것 같습니다."
"아, 그때 날 웃게 했던 일?"
"네, 공주님."
"어서 말해 봐."
　공주는 피엘의 소원이 무엇인지 왕에게 들어 이미 알고 있었습니다. 하지만 모르는 척 말했습니다.
"네. 지금 제 소원은, 고향으로 돌아가는 것입니다. 집 떠난 지 1년이 넘었습니다. 가족들이 보고 싶습니다. 폐하께선 공주님께서 허락하시면 된다고 말씀하셨습니다."
　공주는 슬퍼졌습니다. 피엘의 소원이 고향으로 돌아가고 싶다는 것이란 게 왠지 서운했습니다. 그렇지만 내색하지 않으려 애썼습니다.
"알겠어. 그 정도 소원은 너무 쉽잖아. 그렇게 해."
"고맙습니다. 공주님!"
　피엘은 무척 기뻐했습니다.

"아저씨, 정말로 고마웠습니다. 건강하시고 행복하세요."
피엘은 마차에 짐을 모두 싣고서 제프와 작별 인사를 했습니다.
"조심히 가시게. 이렇게 보내긴 서운한걸. 허허허."
제프는 서운함에 눈물을 훔쳤습니다.
"피엘, 이거 받아. 집에 도착하기 전에 읽어. 꼭 집에 도착하기 직전에 읽어야 해. 알았지? 잘 가."
피엘의 도움으로 유명해진 제니는 편지를 주며 굵은 눈물을 흘렸습니다.

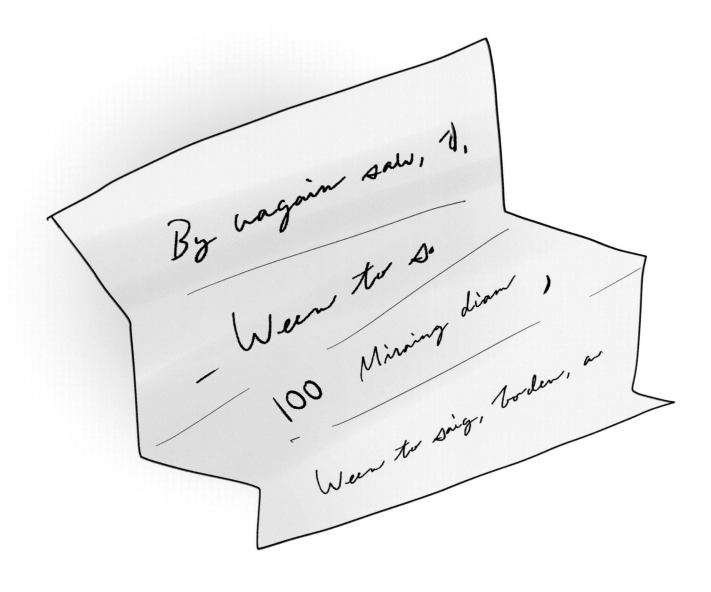

제니의 편지에는 이렇게 적혀 있었습니다.
"내 소원은 피엘이 100일 안에 우리 곁으로 다시 돌아오는 거야. 내 소원 꼭 들어줄 거라고 믿어!"
피엘은 기쁘게 웃었습니다.

〈끝〉

김정운

전남 여수 출신. 여수작가회의 작가. 1999년 솟대문학을 통해 등단.
대표작-아름다운바위, 튤립과 호박꽃, 은정이의 고무신, 탱자나무와 초록잎 등이 있음.
작가는 1988년 합기도 낙법을 배우다 경추를 다쳐 전신이 마비되어 타인의 도움없인 살 수 없지만 막대기를 입에 물고
한글자 한글자 키보드를 쳐서 작품을 완성해 내고 있음.

구슬이

2022년 목원대학교 만화애니메이션 학과를 졸업.
47회 충청북도 미술대전 디자인-영상 부분에서 입상.

대머리 공주

초판 1쇄 발행 2023년 04월 30일
지은이 김정운 그린이 구슬이
펴낸이 김동명 **펴낸곳** 도서출판 창조와 지식 **인쇄처** (주)북모아
출판등록번호 제2018-000027호 주소 서울특별시 강북구 덕릉로 144 전화 1644-1814 팩스 02-2275-8577
ISBN 979-11-6003-602-2

값 16,000원

후원 전라남도 문화재단

이책은 (재)전라남도문화재단의 일부 후원을 받아 발간되었습니다.